UN PROCÈS CRIMINEL

CONTRE UN GENTILHOMME

EN 1695.

Sources inédites : Archives criminelles du Présidial; liasse de l'année 1695. — Registre des délibérations du Présidial.

L'histoire n'a pas la marche régulière que lui donnent les rédacteurs des manuels et des chronologies. Une révolution, en modifiant officiellement les institutions, n'efface pas les traces profondes imprimées par des habitudes séculaires; elle laisse survivre, comme un legs des temps écoulés aux siècles à venir, des coutumes qui attestent la puissance du passé.

Il semble que la féodalité, par exemple, soit cantonnée dans le moyen-âge et que les temps modernes n'aient rien de commun avec cette période reculée de notre vie nationale. Pourtant, jusqu'à la révolution de 1789, que de luttes ne faudra-t-il point pour établir les bases sur lesquelles on élèvera plus tard l'égalité civile! Après Richelieu et son sanglant ministère, après Colbert, vers la fin du règne de Louis XIV, nous trouverions encore de ces anomalies qui nous feraient dire : Est-ce là le grand siècle? Entre le tombeau de Pascal et le berceau de Voltaire existait-il de pareils abus?

Je voudrais, aujourd'hui, en présentant le récit de faits, dont bien peu appartiennent à l'histoire, montrer encore vivantes, au moment où va se lever l'aurore du xviiie siècle, ces entraves de l'esprit féodal survivant à la féodalité. Nous comprendrons mieux ce qu'il a fallu d'énergie à nos pères pour nous préparer la civilisation moderne avec sa grandeur ou, (si comme quelques censeurs moroses nous devons être injustes envers elle) avec toutes ses imperfections et ses défaillances.

§ I. — *Un gentilhomme campagnard.* — *Une vogue à Villars en 1694.*

En 1690, le château de Glareins, dont tous les Bressans connaissent la position pittoresque sur le bord d'un étang, avait pour seigneur Louis Demarest, écuyer, héraut d'armes au titre de Normandie. (1)

Ce gentilhomme, dès le règne de Louis XIV, faisait ce que nous, modernes, nous nommons un ménage à la Louis XV. Madame demeurait..... dans sa famille sans doute (le bien, même en histoire, se présume toujours) et Monsieur menait sur ses terres l'existence libre du gentilhomme campagnard.

(1) Reprise de fief et dénombrement, du 7 juillet 1690, de la seigneurie de Glareins et de ses dépendances qui sont la Pérouse, Choin et le domaine de Gravier par Louis Demarest, écuyer, héraut d'armes du titre de Normandie comme acquéreur par adjudication, à lui faite le 17 août 1789, au ban de la cour de la châtellenie royale de la ville de Bourg, pour le prix de 145,000 livres, sur défunt Louis de Renaud, écuyer, seigneur dudit Glareins. — J. Baux, *Nobiliaire de l'Ain.* — *Bresse et Dombes,* p. 63.

Nous pouvons affirmer que les deux époux, quoique leur vie intime nous soit peu connue (peut-être par l'excellente raison qu'ils n'en avaient pas à cette époque), ne soupçonnaient pas le sentiment de la jalousie. Le seigneur devait rester de longues années dans son château. Comme la solitude est chose lourde et qu'un homme s'entend fort peu aux détails du ménage, Madame, poussée par un sentiment de commisération que nous ne connaissons plus, fit présent à son mari d'une gouvernante jeune et qu'elle avait choisie, elle-même, sans doute avec ce bon goût que les femmes mettent en toute chose. Jeanne Rousset devait s'occuper des menus soins et faire la conversation de son maître pendant les longues soirées.

Demarest sortait rarement sans sa gouvernante. Quand il galoppait sur son cheval blanc c'était toujours à la portière de la chaise roulante ou du carrosse. Les méchantes langues du pays, il s'en trouvait à Villars en plein xviie siècle, en concluaient, légèrement j'aime à le croire, que cette femme était la « *garce* » du seigneur. L'expression n'a rien qui doive nous trop surprendre. Si nous ouvrions le recueil des historiettes charmantes de Tallemant des Réaux nous verrions une reine, en pleine cour, s'entretenir avec le maréchal de Bassompière de celles de ses « *garces,* » elle employait le mot, qu'il menait à sa maison de Chaillot.

Le château de Glareins devait offrir un curieux spectacle. Son propriétaire le faisait réparer ; il ajoutait des constructions nouvelles aux constructions anciennes, et recrutait des journaliers dans les contrées voisines. Ces hommes de mœurs différentes ne trouvant à Villars ni le vivre ni le couvert demeuraient près du château où ils formaient un véritable campement.

Le seigneur était ce que l'on nomme un joyeux compère. Fort, vigoureux, âgé de quarante ans environ, allié au prévôt de la maréchaussée de Bourg, Michel du Villard, dont il était le beau-frère, il ne dédaignait pas de courir les *festes balladoires* et de danser un *branle* avec les petites bourgeoises. On lui reprocherait aujourd'hui d'avoir la main prompte; combien les temps sont changés! Cette fougue de caractère n'était qu'aimable vivacité chez les gentilshommes d'alors.

Voulons-nous étudier son caractère? Nous n'avons que l'embarras de choisir les anecdotes :

« Tant la chose en preuves abonde. »

Un matin les rideaux et les mantelets de drap de sa chaise roulante avaient disparu. De là une colère bien légitime. Mais le voleur ayant poussé l'irrévérence jusqu'à ne se point dénoncer, de Glareins prit le sage parti de mettre des serviteurs de garde derrière les fenêtres. Dans la nuit du 18 au 19 juin 1791 on aperçut un des ouvriers étrangers au milieu des charriots laissés dans la cour. Vite on éveilla le seigneur qui descendit et tint un beau discours au visiteur nocturne : « Ingrat, lui dit-il, comment avez-vous pu me voler, moi qui vous fais gagner votre vie ainsi qu'à beaucoup d'autres ? » L'ouvrier « perdant le respect » soutint qu'il se livrait à une innocente promenade. Agacé par ce système de défense, de Glareins caressa à coups de corde les oreilles de ce précurseur des voleurs modernes.

Jusque là le mal n'était pas bien grand. Mais voilà qu'en continuant son enquête privée il acquit la conviction qu'un autre ouvrier, Bouchon, recélait les objets soustraits. On était en juillet. Les ouvriers, voulant revenir chez eux pour les moissons, réclamaient leur salaire. Le seigneur les réunit dans la basse-cour et ferma la porte à clef en leur disant : « Vous allez voir comme je châtie les voleurs. » De force il dépouilla Bouchon de sa casaque de toile et de sa chemise ; il l'attacha, nu jusqu'à la ceinture, à un pilier et s'arma de deux grosses cordes, longues comme le bras, nouées aux deux bouts sans doute pour la circonstance.

Ces lugubres apprêts devaient effrayer les assistants. Cependant aucun des ouvriers ne fit entendre le moindre murmure. Demarest, dont la colère croissait, criait : « Mordieu, il faut que je te tue! » Et coups de corde de pleuvoir. Il aurait tenu parole si l'un de ses amis n'était arrivé à temps pour arrêter le cours de cette justice expéditive.

Quand Bouchon, que l'on avait emporté plus mort que vif, fit réclamer son chapeau, sa casaque, une besace remplie de pain, laissés par lui dans la basse-cour et le salaire de ses travaux : « Ne vous inquiétez de rien, répondit le terrible justicier, je ferai aumône du tout. » C'était, il faut en convenir, une largesse qui ne coûtait pas beaucoup à sa générosité. Mais, détail curieux, après s'être ainsi vengé il adressa, le 30 juillet 1791, une requête au présidial pour faire poursuivre sa victime. (1)

____

(1) Cette manière de payer les serviteurs devait être fréquente en Bresse, car voici ce qu'écrit en 1675 Brossard de Montaney, conseiller au présidial de Bourg, dans un poème bressan intitulé *Margueta* (Marguerite).

> Sovan me si trovo an bala compani,
> Avoui de damouisal' e que tro de zanti,
> Que m'an bin derato de par lieu millie lo;
> Se tou que ze falliv' i me mollian de co.

Une anecdote encore pour terminer ce croquis rapide d'un gentilhomme campagnard au xviie siècle. En 1694 il il y avait vogue à la commune d'Ambérieux-en-Dombes. Demarest s'y rendit. Sous prétexte d'acheter des chevaux il avait organisé une véritable partie carrée car il traînait après lui l'éternelle Jeanne Rousset, sa sœur et un ami qui ne semblait pas trop antipathique à cette dernière. Après courses et promenades, les deux couples, tentés par la musique, dansèrent un branle animé avec les habitants du lieu. Mais quand vint le quart d'heure de Rabelais, en d'autres termes quand les entrepreneurs de la fête demandèrent leur salaire, de Glareins et son ami qui croyaient faire trop d'honneur aux habitants d'Ambérieux en prenant part à leur fête, payèrent les marauds avec une bonne volée de coups de poing.

> Mais dinpi que z'ai vio qu'avoui çan nion ne paye
> Qu'on n'avin po d'arzan de cé portiau d'épaye,
> Mais bin pletou de co dessu noutres épole,
> Qu'é veudran no balié per de benc pistole
> Ze si vinià dan Bor avoui le ple gran pressa
> Pour m'affromo c'ti an avoui quoque maitressa.

« Souvent je me suis trouvée en belle compagnie, avec des demoiselles
« et que trop de gentilshommes, qui m'ont bien dégourdie par leurs
« mille loups (jurons); si tôt que j'étais en faute, ils me moulaient de
« coups. Mais depuis que j'ai vu qu'avec tout ça aucun ne paye, qu'on ne
« tire pas d'argent de ces porteurs d'épées, mais bien plutôt des coups
« sur nos épaules, qu'ils voudraient nous donner pour de bonnes pistoles,
« je suis venue à Bourg avec le plus grand empressement pour m'affermer
« cette année avec quelque maitresse. »

Poèmes imprimés à la suite de l'*Enrolement de Tivan.* — Traduction de M. Philibert Le Duc, p. 100 et suivantes.

Le caractère du principal héros de la scène que je vais rapporter nous est assez connu pour que je puisse entrer dans le cœur du récit. Le 8 septembre 1694, il y avait fête balladoire à Villars. Chalamon, l'un des châtelains de l'endroit, convia la bonne société et les principaux bourgeois des environs. Demarest « par complaisance, lui accorda la grâce » de répondre à son invitation. Les personnes étrangères à la localité arrivaient à cheval, une femme en croupe, les pistolets chargés dans la poche. Le port des armes à feu, permis à tous les gentilshommes, était interdit aux roturiers par les déclarations royales des 18 novembre 1660 et du 10 mars 1661, sous peine de trois cents livres d'amende et même de punitions corporelles suivant les circonstances. Mais comme la maréchaussée ne se montrait guère sur le théâtre des crimes et des délits, la coutume de sortir armé persistait surtout lorsque l'on devait rentrer chez soi ou fort avant dans la nuit, ou seulement le soir.

Les conviés montèrent dans une chambre haute du logis. Les gens de Villars dansaient au son du hautbois et de la musette. Jeanne Rousset et les jeunes femmes, animées par le bruit des danses et les cris de joie, voulurent se mêler à la fête. Mais Chalamon, en homme qui a conscience de sa dignité, les empêcha de descendre sur la place. Il alla chercher les deux musiciens qu'il emmena avec lui et la fête, commencée en plein air, au profit de tous, se continua à huis-clos pour le divertissement de quelques privilégiés.

Les fillettes et jeunes gens se groupèrent sous les fenêtres, en écoutant avec envie les musiciens qui ne jouaient plus pour eux. Un charretier, Collet, plus osé que les autres, ne cachait pas sa colère de voir ainsi confisquer l'orchestre. L'amour du plaisir l'emportant sur le dépit, plusieurs habitants montèrent chez Chalamon et voulurent se mêler à la danse ; mais on les chassa et ils durent attendre patiemment qu'on leur rendît et le joueur de hautbois et le joueur de musette, ce qui ne tarda pas.

La fête, un instant suspendue, recommença alors plus joyeuse. Chalamon et ses invités se mirent à table. Pendant la collation la gaieté régna en souveraine et dans la maison du châtelain et sur la place publique.

.
. .

Cette trève ne devait pas durer longtemps. A six heures les invités se dispersèrent. Jeanne Rousset monta dans son carrosse et Louis Demarest sur son cheval blanc. Par malheur le chemin que les deux voyageurs suivaient passait près de la place, lieu de la fête. La journée touchait à sa fin. Les quelques pâtres envoyés aux champs revenaient avec leurs troupeaux. Les personnes d'un âge mûr devisaient en regardant se divertir la jeunesse. Et « fillettes et garçons » sautaient avec entrain.

La collation, chez Chalamon, avait dû prendre les proportions d'un dîner car le seigneur de Glareins, l'œil allumé, la parole haute, arrivait au grand galop de son cheval en criant à tue-tête : « Je veux danser un branle ! je veux danser un branle ! » et, ajoutent les témoins, « il semblait en quelque sorte danser sur son cheval. »

Il mit pied à terre et répéta encore : « Je veux danser un branle ! » Collet et les deux frères Chrestin, qui dirigeaient la fête, lui répondirent : « Monsieur, vous en danserez deux si cela vous convient. » Prenant aussitôt par la main la fille de Richardot, le maître d'école, il l'entraîna au milieu des groupes. « Jouez, mes amis, jouez, » disait-il aux musiciens, et comme ceux-ci tardaient un peu, il sautait et dansait en fredonnant des airs.

Jeanne Rousset, dont le carrosse arrivait à l'instant, ne put voir sans dépit son seigneur au milieu des villageois et surtout près d'une jolie fille. L'amour qui perdit Troie allait amasser un orage sur le château de Glareins : « Vous ne danserez pas, cria la jalouse gouvernante; il se fait tard déjà; il faut rentrer.

— « Ma mye! un branle! rien qu'un, » répondit le joyeux châtelain.

La Rousset voyant que, méconnaissant son autorité, Demarest continuait ses gambades avec la Richardot prit son parti en femme énergique. Elle sauta sur le hautbois et mit l'anche de l'instrument dans sa poche. Le tiers-état, représenté par Collet et les deux frères Chrestin, adressa ses très-humbles remontrances à la gouvernante qui resta inflexible; puis, *chapeau à la main*, les trois villageois se rapprochèrent du seigneur en lui répétant avec courbettes : « Nous sommes très-mortifiés, Monsieur, de ne pouvoir vous divertir, mais votre demoiselle en est la cause. »

— « Ma mye, disait Demarest répétant son refrain, je ne veux danser qu'un branle et nous partirons. »

Et il se retourna vers les musiciens en criant : « Mais jouez donc! » Pendant ce temps Collet disait à Jeanne Rousset : « Mademoiselle, laissez divertir Monsieur, et rendez-nous l'anche de hautbois, » et Jeanne Rousset disait à la fille Richardot avec tout le mépris qu'elle pouvait mettre à ses paroles : « Vous êtes une insolente, une friponne, une coquine; il n'appartient pas à une petite gueuse comme vous de danser avec un seigneur. »

Louis Demarest prit de nouveau la main de la fille Richardot. Le joueur de musette, demeuré seul en possession de son instrument, fit entendre un air de danse. Jeanne Rousset, que cette persistance exaspérait, sauta sur l'infortuné musicien.

Cette intervention violente causa un indicible tumulte. Les danses s'arrêtèrent ; les jeunes gens se groupèrent suppliants autour de la gouvernante. Collet et les deux Chrestin dirent de nouveau à Demarest : « Voyez comme votre demoiselle empêche nos joueurs d'instrument de jouer. »

— « Ma mye, dit le seigneur pour la troisième fois, laissez-les jouer, je ne veux danser qu'un branle et nous partirons. »

Chrestin se rapprocha de la gouvernante qui, à bout d'arguments, lui donna une paire de soufflets que Chrestin se hâta de lui rendre.

Aussitôt Jeanne Rousset cria à Demarest : « Quoi, Monsieur, vous souffrez que ces canailles m'insultent, de ma vie je n'irai plus avec vous. »

De Glareins quitta la fille de Richardot en criant d'une voix forte : « Qui vous insulte? » — « Celui-là, » dit-elle, en désignant du doigt François Chrestin.

Demarest, qu'égaraient la colère et les fumées du vin, porta des coups de poing dans l'estomac du coupable avec une telle violence qu'on fut obligé de soutenir celui-ci pour l'empêcher de tomber. Les paysans mirent le chapeau à la main et tout en cherchant à éviter les violences qui le menaçaient, Chrestin murmurait humblement : « Monsieur, je vous demande pardon ; Monsieur nous tâchons de vous divertir et vous nous frappez. » Sourd à ces remontrances le seigneur se ruait à tort et à travers sur tous ceux qui lui tombaient sous la main. Comme un bétail craintif les paysans s'écartaient à son approche. Malheureusement pour lui il s'attaqua à Collet, le paysan énergique, qui avait protesté contre la confiscation des musiciens par Chalamon. En voyant l'idylle tourner au drame, Collet s'était armé d'un bâton. Lorsque de Glareins se rua sur lui, il le renversa d'un coup à la tête. Chrestin, enhardi par cet exemple, se défendit à son tour, et lorsque le turbulent gentilhomme l'attaqua de nouveau il le saisit par les cheveux. C'était l'époque des perruques.... et la perruque de son adversaire lui resta au bout des doigts.

Le ridicule a été de tous temps, pour nous Français, l'aiguillon le plus cuisant. Demarest, plus sensible aux sarcasmes qu'au coup qu'il venait de recevoir prit un pistolet dans sa poche et le déchargea de si près, qu'il brûla les cheveux de Chrestin. Ce dernier poussa des cris désespérés, puis s'apercevant qu'il était sain et sauf il se calma et se laissa entraîner dans la maison du seigneur de Villars où son frère le ferma à clef pour le mettre à l'abri de toute vengeance. « Ah! le bougre! je l'ai manqué, » hurla de Glareins qui prit aussitôt un second pistolet et l'appliqua sur la poitrine de l'un des spectateurs. Le coup rata, mais poussé par une rage indicible, Glareins s'approcha de Dumont, de Neuville, qui regardait curieusement à cheval la lutte, ayant une jeune fille en croupe : « Du plomb et de la poudre pour tuer ces bougres-là! » lui cria-t-il. Dumont, craignant la colère du peuple qui s'ameutait autour de lui, piqua des deux et reprit le chemin de Neuville.

Le seigneur, de plus en plus échauffé, se croyant un nouvel Amadis dont le devoir était de férir de beaux coups en l'honneur de sa belle, tira son épée ; tenant la lame nue d'une main et de l'autre son pistolet par le canon, il s'élança sur les paisibles habitants. Berger dit Lenoir, blessé au visage, arracha une palissade de la clôture d'un jardin et s'enfuit après avoir frappé la gouvernante et son agresseur. Ce fut un sauve-qui-peut général. Le sol était couvert de personnes abattues se relevant, dès qu'elles le pouvaient, pour s'enfuir. Plus de cent paysans gagnaient en courant la porte du village. De Glareins allait demeurer seul sur le théâtre de ses exploits.

Mais le destin voulait qu'il y eût du sang versé. En ce moment frère Gervais, cordelier profès d'une maison de la Croix-Rousse à Lyon, passait à cheval accompagné du curé d'Ambérieux et de Charve, collecteur des impôts. Il fallait un certain courage pour chercher à calmer le furieux. Le frère Gervais, poussé par le sentiment des devoirs élevés de son ministère, descendit de cheval en criant : « Tout beau, Monsieur, vous allez tuer quelqu'un. » C'était bien commencer; Demarest répondit en exhalant sa colère sur Charve. Berger accourut avec quelques paysans au secours de la nouvelle victime. Par un retour inexplicable, frère Gervais n'eut plus de sollicitude que pour le seigneur ; il répétait aux jeunes gens : « Eh! ne frappez pas Monsieur de Glareins! » De Glareins courait de plus belle sur Charve, et frère Gervais de dire encore d'une voix oppressée : « Surtout ne frappez pas Monsieur de Glareins! » Le collecteur suivit si bien les conseils du religieux qu'il demeura trois semaines alité des suites de ses blessures.

C'est alors que Berger battu, exaspéré de cette intervention intempestive, attaqua le malheureux cordelier; d'autres jeunes gens lui prêtèrent main-forte. Quelques instants après frère Gervais tombait mortellement blessé. Quant à Demarest, peu soucieux du sort de son libérateur, il avait profité de ce court répit pour s'enfuir avec Jeanne Rousset (1).

Il resta sur le champ de bataille le chapeau et la perruque du seigneur, la coiffure de Jeanne Rousset et frère Gervais, baigné de sang.

.˙.

Les événements dont je viens de faire le récit n'ont pas de valeur historique et cependant ils me paraissent encore dignes d'intérêt. C'est dans ces minces procès que l'on retrouve mille détails, insignifiants au premier abord et pourtant faisant connaître, mieux que les ouvrages les plus sérieux, les mœurs d'une époque. Qu'importe une victoire de plus ou de moins ! Qu'importe un traité ! Ce qui nous intéresse avant tout c'est le caractère de nos aïeux.

Les traces profondes laissées par le régime féodal ne paraissent-elles pas vivantes encore dans cette fête balladoire ? Ici un châtelain interrompt les danses, fait monter les musiciens chez lui pour divertir ses invités et les cultivateurs attendent patiemment qu'on leur permette de danser. Là, un religieux intervient et sa crainte la plus grande est qu'on frappe un seigneur. Jeanne Rousset enlève les instruments de musique et l'on ne se permet que d'humbles suppliques. Demarest bat les paysans et les paysans mettent le chapeau à la main en disant : « Pardon Monsieur. »

Dans ces détails je retrouve un écho affaibli de cette

(1) De Glareins a-t-il participé au meurtre du frère Gervais ? on l'ignore. Un témoin, Antoinette Vallat, femme Loup, dit pourtant : « On l'a vu hausser le bras et l'on ne sait s'il a frappé frère Gervais ou le curé. » Or, le curé d'Ambérieux n'ayant pas eu la moindre égratignure, les coups ont dû frapper le religieux. C'était l'avis du lieutenant criminel qui impliqua le seigneur dans la poursuite pour meurtre.

époque où un proverbe disait : Poignez manant il vous oindra. Un homme mettant à lui seul une commune en fuite ne fait-il pas songer aux jeunes Spartiates qu'on lâchait parfois sur les ilotes. Si Berger frappe à son tour, ce n'est qu'à la dernière extrémité, après que les humbles remontrances sont demeurées infructueuses. Les gens du moyen-âge, eux aussi, avaient leurs moments de révolte, et c'est sur leurs lèvres qu'un de leurs poètes place ces vers bien connus :

> Pourquoi nous laisser fair dommage ?
> Des membres avons comme ils ont
> Et tout autant souffrir pouvons.

En voyant la longanimité des gens de Villars, je comprends cette remarque si poignante de Labruyère (1) qui ne répond plus à aucun sentiment moderne : « La prévention du peuple en faveur des grands est si aveugle, et l'entêtement pour leur geste, leur visage, leur ton de voix et leurs manières si général que, s'ils s'avisaient d'être bons, cela irait à l'idolâtrie. »

Mais qu'il y a loin du caractère que nous avons pris sur le fait aux peintures que Molière nous a laissées des gentilshommes de province : « Vous vites aussi la querelle que j'eus avec ce gentilhomme Périgourdin ? — Oui — Parbleu ! il trouva à qui parler — Ah ! ah ! — Il me donna un soufflet, mais je lui dis bien son fait. » Qui ne connaît ce mot fameux de M. de Pourceaugnac (2). Il a toujours été de mise de railler la province sans laquelle Paris manquerait de grands hommes. Mais les sarcasmes de Molière étaient

(1) Caractères. Cap. IX.
(2) Acte I. Scène VI.

politiques. L'immortel comique secondait Louis XIV et Colbert dans leur œuvre d'unification. Le grand roi, puisqu'on est convenu de le nommer ainsi, voulait énerver cette aristocratie turbulente; il lui réservait comme nouvelle Capoue la Cour et ses délices et, pour opérer cette centralisation absorbante, il recourait à l'arme du ridicule.

Après deux siècles, si nous voulons une peinture exacte du gentilhomme campagnard, ce n'est pas à Molière, mais à La Fontaine qu'il faut la demander. L'ours, pesant, grossier, brutal parfois, n'est-il pas le hobereau qu'aucun séjour à Versailles n'a dégrossi?

Jamais, s'il veut nous croire, il ne se fera peindre. C'est lui qui, pour débarrasser son ami d'une mouche importune, prend un énorme cailloux :

Le lance avec raideur
Casse la tête à l'homme en écrasant la mouche.

Malheureusement ce n'est pas l'amie de de Glareins, Jeanne Rousset, que le pavé écrase. Mais la peinture n'est-elle pas fidèle? Et n'est-ce pas pour une mouche, pour une lubie de sa gouvernante, que le hobereau provoque les désordres qui causèrent la mort d'un homme?

§ 2. — *Un procès séculaire. — Présidial et Parlement. — La pauvreté et l'amour de la justice.*

Je me vois obligé d'interrompre l'exposé de la poursuite dont le seigneur de Glareins va être l'objet pour dire quelques mots de l'histoire du Présidial de Bourg et de ses luttes avec le Parlement de Bourgogne. Demarest appartenait à l'aristocratie; dans tout autre contrée ses violences eussent peut-être passé inaperçues ; mais à Bourg elles trouvèrent des juges qui protestèrent au nom de leur conscience indignée. Un procès contre un gentilhomme ! C'est chose rare dans notre histoire. En Bresse, les difficultés qu'il soulevait se joignaient aux difficultés engendrées par un procès presque séculaire que je dois examiner rapidement.

Le Présidial avait été créé par un édit d'Henri IV, de juillet 1601. Sa compétence, au civil et au criminel, était tracée par le texte même qui disait avec beaucoup de clarté : « Au quel siége nous voulons que ressortissent immédiatement toutes appellations de justices subalternes, siéges et juridictions, tant du pays de Bresse que de ceux du Bugey, Valromay et Gex et autres lieux à nous réunis par ledit échange, et que tous nos sujets ecclésiastiques, gentilshommes et autres des pays, de quelque qualité et condition qu'ils soient, aient à si pourvoir pour toutes causes et matières tant civiles que criminelles. » (1)

Le Présidial devait donc connaître des appels des sentences des seigneurs haut-justiciers ; il avait en outre, en premier et dernier ressort, sa compétence tracée par les règles générales, qui s'étendait au civil sur tous les différends dont l'objet ne dépassait pas 250 livres, et allait au criminel jusqu'à la peine capitale (2)

Le texte de l'édit était formel, mais l'esprit féodal dont nous avons trouvé des vestiges allait causer aux conseillers de cruels mécomptes. Plus tard les difficultés devien-

___

(1) Registre du Présidial, p. 6 *bis*.

(2) Isambert. t. XIII, p. 268-271. — Henri Martin, t. XIII, p. 407. — Merlin, répertoire, v° cas. § 3.

dront plus grandes encore, grâce à l'art. 12 du titre 1er de l'ordonnance criminelle d'août 1670. Les seigneurs, marquis, comtes, barons et haut-justiciers de Bresse et de Bugey « entendaient jouir de leur justice et degré de juridiction, tout ainsi que devant, » en d'autres termes ils voulaient : 1º que certains d'entre eux eussent des juges d'appel ; 2º que les appels de leurs sentences fussent directement portés devant le Parlement de Bourgogne ; 3º que la compétence du Présidial ne s'étendît pas sur eux au criminel.

L'édit de création est de 1601. Dès le 3 octobre 1604 le duc de Nemours fait défense aux habitants du marquisat de St-Sorlin et de la seigneurie de Cerdon de porter en appel leurs causes devant le Présidial (1). Le 20 mars 1605, le Parlement de Bourgogne, saisi de la difficulté, se fit la part du lion en déclarant que les appels ne pourraient être portés que devant lui (2). Enfin, le 7 octobre 1605, le grand conseil du roi, siégeant à Paris, reconnut pour légitimes les prétentions du Présidial et maintint sa compétence en cassant l'arrêt du Parlement de Dijon (3).

Ce n'était là qu'une légère escarmouche, le prélude d'une guerre de cent ans contre la queue de la féodalité. Le conflit durera un siècle et demi. On se tromperait lourdement en en faisant la lutte du libéralisme contre le despotisme (au xviie siècle, après la politique tirée de l'Ecriture Sainte, l'amour du prince est un dogme), c'est la lutte des gens nouveaux « contre ceux qui n'ont pris que la peine de naître » suivant l'épigramme sanglante de Beau-

(1) Registre du Présidial p. 13 *bis*.
(2) Registre du Présidial, p. 13 *bis* et 14.
(3) Registre du Présidial, p. 24 *bis*.

2

marchais, des gens dont le vœu suprême est que la loi pèse également sur tous les hommes. C'est aussi une question de vie et de mort pour le Présidial ; à cette époque le prêtre vit de l'autel et le magistrat de sa charge. Les offices de président, de conseiller, de lieutenant criminel et de procureur du roi se vendent. Si la compétence est restreinte dans la lutte, les revenus diminuent, la vénalité devient ruineuse, la pauvreté est le lot des officiers de justice.

Mais des idées plus élevées dominent, si je ne me trompe, cet épisode de l'histoire judiciaire ; recruté dans la province même, surtout parmi les bonnes familles bourgeoises, le Présidial devait se ressentir de l'origine de ses membres et s'inspirer de cet amour sinon d'égalité matérielle du moins d'égalité civile que l'on retrouve parmi les classes aisées et laborieuses d'autrefois. La noblesse lutte contre ce courant nouveau et veut maintenir intacts ses antiques priviléges. Ce point de vue est si exact que la lutte continue ardente même lorsque les intérêts matériels de la compagnie ne sont plus en jeu : pour des questions de préséance, d'honneurs à rendre aux Montrevel ! Tant il est vrai que ces magistrats sortis du sein de la bourgeoisie commencent à se sentir les égaux des nobles de naissance (1). Le jugement le plus exact sur cet épisode a été porté par M. Jarrin : il ne faudrait pas « n'y voir, dit-il, qu'une contestation pour le pain quotidien entre les légistes citadins et les légistes de campagne ; ce serait n'en voir que le petit côté.... Qu'on s'en rendît compte ou non, à Bourg, il y avait là en lutte, avec deux intérêts, deux systèmes politiques ; et il s'agissait de savoir lequel prévau-

____

(1) Les Montrevel et la justice, à Bourg, au XVIIᵉ siècle, par Cl. Perroud.

drait de l'Etat monarchique ou de l'Etat féodal. (1) »

Le procès contre les seigneurs haut-justiciers aura trois champs de bataille :

Le Présidial, animé de cet esprit bourgeois que les modernes ont pris longtemps pour du libéralisme, parce qu'il répondait aux besoins du plus grand nombre.

Le Parlement... composé de l'aristocratie de la robe, cette sœur de l'aristocratie de l'épée ; frondant le pouvoir royal au profit de la noblesse, mais songeant peu aux intérêts de la bourgoisie et des présidiaux. Des écrivains en ont fait le précurseur de la révolution, à tort ce nous semble ; la Constituante, mieux inspirée, l'a dissous ; elle comprenait que la lutte soutenue contre le pouvoir royal continuerait à plus forte raison contre l'esprit démocratique, dans l'intérêt du même ordre : la noblesse.

Enfin au-dessus du Présidial et du Parlement nous trouvons le grand Conseil du roi, spécialement chargé par Henri III de défendre les présidiaux des atteintes qui seraient portées à leur juridiction (2). C'était à la fois une sorte de Conseil d'Etat et de Cour de cassation dont les fonctions mal définies embrassaient toute chose. Ses arrêts étaient censés rendus par le roi lui-même. Or le roi est la loi vivante, la *lex animata* des fragments du Digeste : cy veult le roy, cy veult la loi, dit aussi Loysel dans ses Institutes coutumières. Les décisions du grand Conseil devaient donc se ressentir des nécessités politiques et pencher suivant les nécessités du moment soit du côté de la bourgeoisie, soit du côté du Parlement, comme une balance juste en elle-même, mais que fait pencher le poids le plus fort.

---

(1) La Bresse au xviie siècle, p. 31.
(2) Merlin, répertoire v° Présidial.

Pendant cent cinquante ans le Présidial a eu pour soutenir ses intérêts des conseillers délégués, des procureurs et des avocats près le Parlement et le grand Conseil ; pendant cent cinquante ans il a poursuivi son œuvre avec une indomptable fermeté, et rien ne l'a fait fléchir. Il soutient d'abord seul la lutte, tantôt vainqueur, tantôt vaincu, pour n'aboutir à aucun résultat (1).

Soixante-dix années après les premières hostilités le conflit durait encore ; comme l'hydre de Lerne, ses têtes repoussaient à mesure qu'on les coupait, c'est-à-dire qu'après chaque arrêt du grand Conseil, un nouvel appel de sentence rendue par les juges d'un haut-justicier, une poursuite, donnaient lieu à de nouvelles assignations devant le parlement. Les membres du Présidial étaient condamnés à rouler éternellement le rocher de Sisyphe qui leur échappait des mains quand ils atteignaient le but. Le grand Condé, alors gouverneur de la Bourgogne, s'offrit

(1) Je me borne à indiquer quelques-unes des sources à consulter ; ce sont des délibérations du Présidial : 1° juillet 1614. MM. du Puy et Bernard, conseillers, sont délégués pour soutenir près du grand Conseil le procès contre les seigneurs haut-justiciers. Ils se contenteront d'un écu par jour et seront tenus pour présents à la réception des espèces et taxes jusqu'à ce que l'arrêt définitif soit rendu. Reg. du Présidial, p. 22. 16 février 1620. Procuration en blanc envoyée à M. le conseiller Bruchet, délégué à Paris pour soutenir le procès contre les seigneurs haut-justiciers. Reg. du Prés., p. 77. 11 février 1633. Délibération pour faire exécuter un arrêt rendu par le grand Conseil contre les seigneurs et comtes du ressort Eod. p. 104. 6 février 1648. La résistance des haut-justiciers continuait avec la même énergie ; à cette date nous trouvons une délibéra'ion pour déléguer chaque membre du Présidial à Paris pour faire exécuter un arrêt du grand Conseil, rendu en 1615, sans que les absents puissent prétendre à être tenus pour présents aux vacations. Eod. p. 109. 16 février 1648 et 10 mai 1663. Délibérations de même nature.

pour médiateur. Le 5 décembre 1676 le président Bachet et le lieutenant particulier Marinon lui furent délégués pour le mettre au courant des difficultés pendantes. Son patronage ne porta pas bonheur, car en 1678 le Présidial succombait contre le seigneur de Bâgé, non plus devant le Parlement, mais devant le grand Conseil.

Ce n'était être vaincu que sur un point; car il restait à vider encore un grand nombre de procès. En 1679 on apprit que le Parlement de Dijon avait prononcé par arrêt l'union des procès encore pendants et dit que tous les seigneurs haut-justiciers seraient assignés. Le prince de Condé était à Paris; il y avait dans cette nouvelle de quoi mettre en émoi tous nos magistrats Bressans. Aussitôt ils se réunissent dans la chambre du conseil. C'était l'époque des grandes luttes. Le Présidial discutait avec les Montrevel, avec la municipalité, avec la maréchaussée. Pour surcroît de malheur il faisait comme les théologiens du Bas-Empire et se déchirait lui-même pendant que l'ennemi était à ses portes, car il soutenait du même coup des procès devant le grand Conseil et contre les Présidents et contre les gens du roi. Les conseillers durent croire que la dernière heure de leur juridiction était proche, mais dominés par leur confiance dans le désintéressement de leurs adversaires, ils les convoquèrent et la discussion s'ouvrit.

MM. les présidents de Mézériat et Chancy invités à prendre l'avis de la compagnie et à donner leur avis, répondent: « Qu'ils ont lieu de se plaindre de ce qu'on leur a fait signifier les défenses de la Cour de se servir d'une assignation qu'ils avaient fait donner à leurs collègues et de quelques autres griefs. Ils ajoutent qu'ils ne peuvent prendre aucune part dans les affaires de la compagnie, soit bailliagères, soit présidiales, sur lesquelles ils ne veulent donner ni prendre avis. »

Pour qui s'est pénétré de l'esprit de corps de l'ancienne magistrature, ce langage est de nature à surprendre. Il causa, au moment où il était tenu, un étonnement pénible. Les conseillers, oubliant leur dignité gouvernée, se rapprochèrent de leurs chefs en les conjurant d'oublier leurs ressentiments pour ne songer qu'aux intérêts communs. Mais, sans vouloir rien entendre, les présidents se retirèrent de la chambre où avait lieu la délibération.

Les conseillers et gens du roi restèrent en séance. Les têtes de la compagnie leur faisaient défaut. Ils étaient hommes à marcher au combat, sans chefs, unis par l'amour de la justice et le sentiment de leurs devoirs. Ils votèrent une délégation auprès du prince pour lui demander de faire surseoir au procès jusqu'à son retour à Dijon et afin d'éviter toute surprise ils chargèrent le conseiller Brossard de faire assigner devant le Parlement tous les seigneurs haut-justiciers.

Il semble qu'après un pareil arrêt la solution soit imminente. Le Parlement a joint les instances ; les assignations sont lancées ; plus de soixante-dix années se sont écoulées depuis le début de la lutte ; le grand Condé offre son intervention. Eh bien ! le vainqueur de Rocroy, si ardent dans dans les combats, est un Fabius *Cunctator* en affaires. Jusqu'en 1695, époque à laquelle la poursuite contre le seigneur de Glareins réveille le procès séculaire aucune solution définitive n'intervient. Le gouverneur de Bourgogne paie les magistrats du Présidial avec de belles paroles et... les choses restent en l'état (1). Quatre-vingt-dix années de

(1) De 1679 à 1695 nous trouvons encore plusieurs délibérations importantes à noter pour l'histoire du procès contre les seigneurs. 7 août

lutte avaient été stériles. Les hommes des premiers jours n'existaient plus; chacun avait eu plusieurs successeurs; mais si les magistrats changeaient, la compagnie demeurait toujours animée du même esprit et marchant sous le même drapeau.

Avant de terminer ce résumé rapide, je dois encore montrer un des côtés les plus inconnus de la vie du Présidial : l'influence qu'avait sur ses finances le conflit avec les haut-justiciers. C'est un lieu commun de tous les temps que le taux élevé des frais de justice. A une époque où les parties défrayaient les magistrats de leurs travaux, il devait s'élever des critiques sévères, malveillantes peut-être. La preuve, nous la trouvons dans une brochure récemment publiée (1). Le 28 août 1666, les députés des villes de Bresse sont assemblés à Mâcon. Ils ont « eu advis que les officiers du Présidial de Bourg font demande d'une imposition de la province pour leur palais. » Aussitôt ils s'adressent à Colbert pour lui signaler l'abus en disant : « Si Messieurs, au lieu de partager les amendes comme les épices, ainsi qu'ils ont fait au passé et toujours font, avaient employé les dites

1679. Les colères du président n'étaient pas de longue durée : on délègue à Dijon, de Mézériat, Marinon, lieutenant particulier, et Bernard, conseiller, près de Son Altesse sérénissime, pour lui montrer les titres et papiers de la compagnie et faire valoir les raisons des résistances aux empiétements des seigneurs. 24 avril 1682. Condé doit venir à Dijon; on député le président Bachet et le conseiller Tardy pour lui présenter les hommages de la compagnie et lui demander de terminer, s'il se peut, le différend. 7 décembre 1685. Le lieutenant général partira pour Paris et poursuivra au grand Conseil le rétablissement de la juridiction royale presque anéantie. 2 juin 1691. Le conseiller Gallet est député à Dijon pour rappeler au gouverneur ce qui intéresse la compagnie dans les affaires pendantes.

(1) Jarrin. La Bresse au XVIIe siècle, p. 30.

amendes à la réparation de leur palais, ils en auraient fait un beau... » L'épigramme est jolie, elle dut faire rire le grand ministre, mais au point de vue historique elle est injuste. Ces magistrats que l'on voudrait faire croire rapaces étaient dans une situation voisine de la pauvreté.

Ils avaient, pour soutenir leur procès de compétence, des procureurs et des avocats à Dijon et à Paris, des délégués qu'ils défrayaient de leurs dépenses. Si l'on joint aux honoraires les frais de la procédure, que de capitaux dépensés en pure perte pendant un siècle. Il semble même que la misère frappe à la porte du Présidial et (si l'on peut comparer une compagnie judiciaire à une entreprise commerciale) que le Présidial soit à la veille d'une faillite. On avait emprunté partout : aux Ursulines de Bourg et à celles de Thoissey. (Reg. du Pr. Délibérations 4 septembre 1674. —15 novembre 1689.—21 janvier 1690.—31 janvier 1690.—9 février 1690.—8 mars 1691). Malgré les prohibitions canoniques les religieuses exigeaient le denier dix-huit et le denier vingt. Ces intérêts et les frais du procès de compétence absorbaient les épices et les gages.

Le pouvoir royal allait mettre cette plaie à nu. Il était écrasé par ses triomphes et traînait, comme un pesant boulet, la question financière. Il fallait de l'argent pour payer la gloire de la France. L'on approchait du traité de Ryswich de cette époque où, suivant la belle expression de Voltaire, « le peuple mourait de faim au chant du *Te Deum.* » Bientôt la famine se déclarera et l'on verra le spectacle lamentable des valets de la Maintenon mendiant aux portes de Versailles avec leurs livrées dorées. Il fallait de l'argent. Les armées rentraient en campagne. Le grand roi, n'osant pas recourir aux fourberies de Philippe-le-Bel, spéculait sur la justice. Il créait des charges nouvelles pour percevoir les prix de cession ; il déguisait même ses embarras financiers en faisant des emprunts à ses « amés » magistrats.

Je ne trouve rien de plus poignant qu'une délibération du Présidial, du 16 décembre 1683, relative à la paulette dont Louis XIV demandait le paiement. Il ne restait plus dans les coffres de la compagnie un écu pour satisfaire aux demandes du roi. Les magistrats réunis : « ont délibéré que par la réponse qui sera faite à Monsieur l'intendant lui sera remontré le pitoyable état où est présentement la dite compagnie en ce que les dits officiers sont entièrement épuisés à la poursuite des procès qu'ils ont été obligés de soutenir contre les haut-justiciers de cette province de Bresse pendant l'espace de quatre-vingts ans ; lesquels (haut-justiciers) s'étant trouvés tous *personnes qualifiées* ont par leur crédit et autorité *surpris divers arrêts* contraires aux édits, déclarations et règlements du conseil de Sa Majesté donnés en faveur des dits officiers, ce qui a entièrement anéanti la juridiction dans la province de Bresse et engagé les dits officiers dans des emprunts considérables ; en telle sorte que la dite compagnie se trouve débitrice de plus de quatorze à quinze mille livres. Les intérêts desquelles sommes consomment annuellement avec le prêt et la paulette tout le profit que les dits officiers peuvent retirer de leurs charges. Ils ont été encore assez malheureux pour être les seuls dans le royaume auxquels on a retranché deux quartiers de gage en telle sorte que la paulette qu'ils doivent payer annuellement, excède beaucoup leurs gages ordinaires ; lesquels malheurs sont cause que la plupart des charges demeurent plusieurs années sans être remplies, et que plusieurs officiers sont souvent dans l'impuissance de payer le prêt et la paulette sans emprunt. »

Les magistrats supplient Sa Majesté de les dispenser de cet impôt : « Attendu qu'aucune personne ne voudrait prêter à la .dite compagnie sans obligation solidaire de tous les officiers ce qui, infailliblement, serait la cause d'une infinité de procès entre les dits particuliers pour les garanties qu'on aurait à exercer les uns contre les autres ; et, en un mot, ils trouveraient dans les dits emprunts solidaires la ruine de leurs charges et de leurs familles et ne recevraient aucun des bénéfices accordés par Sa Majesté aux compagnies supérieures lesquelles trouveront partout aisément les deniers qui leur seront nécessaires par le moyen de l'intérêt qu'elles en retireront. »

A côté des raisons tirées de la dignité de la justice se trouvent des arguments tirés des intérêts locaux : « La ville de Bourg étant des plus pauvres du royaume, n'ayant aucun commerce et ne se soutenant que par l'établissement des justices royales qui y attirent quelques plaideurs lesquels n'y apportent que très-peu d'argent. »

Que résulte-t-il de ce document? Une situation très-grave. Pour que ces magistrats, malgré leur orgueil d'*hommes de robe*, aient fait une démarche qui devait les humilier, il fallait que la pauvreté leur apparût menaçante. Les charges restaient vacantes plusieurs années; le cours de la justice était partiellement interrompu; une certaine classe de citoyens, bénéficiant de la lutte, obtenait une sorte d'impunité. Mais le Présidial était déterminé à ne céder en rien ; le plus humble des conseillers eût vendu jusqu'à sa robe des audiences solennelles pour pouvoir ne pas se rendre et combattre jusqu'au bout.

Comment, lorsque nous trouvons, en étudiant le passé,

es dévouements obscurs et cette tenacité dans le devoir,
ces types austères des vieux magistrats, fermes jusqu'à l'entêtement, ne pas admirer et se dire : Voilà des hommes !

§ 3. — *Commencement du procès contre Demarest. —
Continuation de la lutte entre le Parlement et le
Présidial.*

Dès que le Présidial eut connaissance de l'aventure dont
Louis Demarest était le triste héros, il s'émut et décida que
la justice ne pouvait la laisser impunie. L'indépendance
lui devenait presque facile. Ses luttes avec les Montrevel
lui avaient aliéné les sympathies de la noblesse. Reculer
devant la qualité du coupable, c'eût été s'avouer vaincu ;
aussi, sans trop hésiter, il se saisit de l'affaire.

Un conseiller commis se transporta sur les lieux. Son
premier soin fut de faire arrêter Berger dit Lenoir et d'a-
dresser un ajournement personnel au seigneur de Glareins
pour avoir à répondre de la double inculpation d'assassinat
et d'émotion populaire ; Jeanne Rousset fut aussi inculpée
dans la poursuite.

Confiant dans sa qualité de gentilhomme, Demarest ne
prit pas la fuite. Plus inquiet sur le sort de sa gouvernante,
il organisa une scène de roman afin de la mettre à l'abri
des atteintes de la justice. Un soir deux cavaliers se pré-
sentent à la porte du château en demandant à parler à
Jeanne Rousset. A peine cette dernière fut-elle près d'eux
qu'ils l'enlevèrent de force, la mirent en travers sur un
cheval et s'enfuirent au triple galop. La jeune femme n'a-
vait opposé aucune résistance, elle n'avait poussé aucun
cris ; Demarest s'était gardé d'arriver trop tôt au secours
de la prétendue victime. Il ne devait pourtant pas ignorer

le sort de la Rousset, car interrogé il répondit que sa femme, jalouse sans doute, avait ordonné l'enlèvement. Jalouse.... mais elle-même, peu soucieuse de l'influence qu'un long tête-à-tête et la solitude exercent sur l'imagination, n'avait-elle pas choisi pour son mari une gouvernante jeune et jolie?

Le magistrat fit acte d'autorité. Un sergent saisit le gentilhomme. Surpris de tomber sous le coup de la justice comme un simple bourgeois, Demarest essaya de se disculper. Les charges l'accablaient. Ses partisans cherchèrent des témoins faciles; qu'importait un faux serment, un sacrilége! Ne dites rien contre le seigneur et vous serez récompensées, disait-on à la femme Loup et à Marie Escoffier. A Marie Prost on ajoutait : « *Monsieur de Glareins vous baise les mains.* » Un seigneur baiser les mains d'une paysanne... « passe encore si elle eût été jeune et de bonne emplète, » comme disait Lafontaine à la même époque.

L'on apprit pendant l'enquête la mort du frère Gervais. L'ajournement personnel fut converti en détention préventive. Demarest dut regretter de ne pas s'être fait enlever aussi ; on n'était pas si loin de la Fronde, peut-être eût-on trouvé des héroïnes prêtes à monter à cheval.

De Glareins constitua procureur. La sœur de frère Gervais de son côté adressa requête au Présidial pour obtenir des dommages-intérêts. Pauvre frère Gervais, on ne l'avait jamais trouvé si parfait que depuis sa mort. La requête était une oraison funèbre : peut-on le trouver étonnant au siècle de Bossuet! Le défunt, quoique n'ayant pas un sol vaillant, puisqu'il appartenait à une famille d'ouvriers donnait des sommes considérables à sa sœur.... Avec quoi? J'aurais désiré le savoir. Hélas! il ne manque pas, même de nos jours, de spéculateurs qui essayent de transformer leurs larmes chimériques ou le souvenir de services qui n'ont jamais été rendus en une source de revenus. La vie spéculera toujours sur la mort.

La requête de Demarest pour se faire mettre en liberté contient un de ces modèles du style des procédures au XVIIe siècle que je ne puis résister au désir de mettre au jour. Le plaignant proteste contre l'intervention de la famille du défunt qu'il traite d'une manière sarcastique de « chose mendiée » et il ajoute : « Peut-on avoir un reste de bon sens et demander à une personne séculière des dommages-intérêts sur le meurtre d'un religieux profès, lequel est censé mort au monde et retranché de la vie civile et d'une famille, dépouillé de tout bien sans en pouvoir posséder ni recevoir. » (Requête du 5 janvier 1695). Le Présidial demeura inflexible et l'écrou fut maintenu.

L'arrestation de Demarest avait eu lieu en septembre. Depuis, le Parlement de Bourgogne et le grand Conseil du roi ayant été saisis de la connaissance de l'affaire, le procès contre les seigneurs surgissait de nouveau. Par arrêt du 29 novembre 1694, le Parlement déclarait le Présidial incompétent, il ordonnait l'élargissement du prévenu et l'envoi au greffe de la procédure faite à Bourg. De son côté, le grand Conseil du roi, le 15 janvier 1695, en n'ordonnant l'élargissement que si la détention était irrégulière, maintenait la procédure et évoquait l'affaire devant lui. Le corps de l'acte parlait déjà « de se pourvoir sur l'absolution. » Trois juridictions se déclarant compétentes à la fois, c'était l'impunité assurée au coupable. Le Présidial le comprit si bien qu'il répondit aux significations des deux arrêts en ordonnant la continuation des poursuites.

Louis Demarest reprenait son énergie. Michel du Villard, prévôt de la maréchaussée, son beau-frère, le visitait en lui parlant sans doute avec mépris de ce Présidial en procès avec tout le monde. Le régime auquel on le soumettait n'était pas très-rigoureux. Il avait à la prison ses meubles et ses domestiques. Le Parlement de Bourgogne prenait son parti ; le grand Conseil parlait d'absolution ; rien n'était perdu encore. Aussi son attitude devenait ironique.

Le 5 janvier il devait être conduit à la chambre du Conseil. Les magistrats attendaient en robe, mais la maréchaussée ne vint pas chercher le prévenu. On alla aux renseignements et l'un des archers répondit : Nous ne voulons pas prêter main-forte. Il fallut sommer d'urgence le prévôt par exploit d'huissier. Le Présidial attendait toujours. Enfin la force publique arriva. Demarest comparut, on lui annonça que la procédure était terminée en lui demandant s'il voulait être jugé présidialement ou à l'ordinaire. Il répondit fièrement : « Ni de l'une, ni de l'autre façon. Je vous suspecte tous et ne vous reconnais pas pour juges. » Le Présidial se déclara compétent. Demarest forma opposition ; deux jours après, Pierre des Hugonières, lieutenant criminel, alla l'interroger à la prison. Le captif lui fit répondre qu'il était couché. Il était dix heures du matin ; il fallut un réquisitoire pour le faire lever.

N'est-ce pas l'attitude d'un homme qui se croit tout au moins supérieur à ses juges. Le Parlement de Bourgogne n'oubliait pas d'ailleurs son « amé » détenu, car le 5 janvier, exaspéré de la résistance du Présidial, il ordonnait, sans attendre la décision du grand Conseil, que l'on enfoncerait, s'il le fallait, les portes de la prison afin de rendre le seigneur de Glareins à la liberté. Ce procès, suite d'un véritable drame, va se continuer comme une comédie italienne ou espagnole.

§ 4. — *Les officiers de police judiciaire au XVIIe siècle.* — *Une évasion.* — *La fin du procès.*

La détention du seigneur de Glareins devait provoquer, quoique bien juste pourtant, des protestations enfiévrées qui font songer à l'une des lettres sur l'histoire de France d'Auguste Thierry. Pendant la guerre de cent ans des chevaliers anglais trouvent en passant sur le territoire ennemi des manants révoltés contre leur seigneur. L'orgueil de caste se réveille. Oubliant que les manants combattent des ennemis communs, des Français, ils les chargent et les tuent à coups de lance. Le gentilhomme, ajoute avec profondeur l'illustre historien, était avant tout du parti des gentilshommes. Coupable ou innocent.... peu importe ! Louis Demarest, par ses titres et sa naissance, a droit à l'appui de ses pairs car l'esprit féodal, je crois l'avoir prouvé, n'est pas encore éteint en Bresse.

L'aristocratie bressanne avait pour chef les Montrevel et, quand ils n'étaient pas lieutenants de roi, les lieutenants de roi en fonctions qui continuaient scrupuleusement les traditions laissées par leurs prédécesseurs. Elle ne paraîtra pas d'une manière directe dans les événements qui vont se dérouler, mais la maréchaussée entrera en lice. Je dois faire connaître en quelques mots les officiers de police judiciaire bressans au xviie siècle, et montrer comment ils sont, dans ce procès, les souteneurs du premier des trois ordres.

Il existait en France, à cette époque, un corps de cavalerie investi des attributions de notre gendarmerie. Cette troupe portait le nom de maréchaussée. Dans son dernier état elle se composait de huit compagnies formant chacune un escadron. Son chef, un des grands officiers de la cou-

ronne, le prévôt des maréchaux de France, était à la fois
un homme d'épée, chargé de la recherche des malfaiteurs,
et un magistrat dont la juridiction, nommée prévôté, s'étendait aux vagabonds, aux gens sans aveu, aux gens de
guerre et aux voleurs de grand chemin (1).

Il n'y eut d'abord qu'un seul prévôt. Plus tard des nécessités de police en firent établir dans plusieurs provinces.
En 1695 ce dignitaire était à Bourg Michel du Villard dont
j'ai eu plusieurs fois l'occasion de parler. Au xviiie siècle
la maréchaussée de Bresse et Bugey fut encore modifiée.
Les prévôts particuliers ayant été supprimés, elle se com-
posa d'un lieutenant de prévôt, d'un sous-lieutenant, d'un
assesseur, d'un procureur de roi, d'un greffier et de cinq
brigades formées chacune d'un brigadier et de trois cavaliers ayant leurs résidences à Bourg, Montluel, St-Julien,
Neuville et St-Laurent (2).

Plusieurs raisons devaient amener ce corps à lutter
contre le Présidial, à user même de violences envers lui :
d'abord les procès qu'il avait eu à soutenir contre lui, puis
sa subordination, j'allais presque dire son état de domesti-
cité vis-à-vis des lieutenants de roi.

Tantôt, en effet, le prévôt empiète sur la juridiction du
du Présidial (3). Tantôt l'assesseur prévotal veut se taxer
lui-même (4). Ou bien le lieutenant criminel donne l'ordre
à un archer d'exécuter un arrêt et le prévôt fait défense d'a-
gir à son agent parce qu'on ne s'est pas directement adressé

(1) Dalloz. Rep. vº gendarmerie nº 3. Chernel. Dic. des institutions de
la France. Vº prévôts des maréchaux.

(2) Gâcon, curé de Bâgé. Histoire de Bresse, p. 581 du manuscrit de la
bibliothèque de Bourg.

(3) Délibérations de 1716 et du 22 mars 1663, p. 85 et 149 du registre.

(4) Délibération du 17 mai 1670, p. 182 du registre.

à lui (1). De là autant de procès portés devant le grand Conseil.

Mais, arrogante envers ceux qui ne peuvent rien sur elle, la maréchaussée devient humble et soumise envers ses maîtres. Placée sous la direction des lieutenants de roi, elle leur obéit aveuglément.

Une chaîne de plus de soixante forçats arrive dans la Bresse et rompt ses fers; la campagne est infectée de malfaiteurs. On cherche les archers pour leur faire poursuivre ces hommes dangereux..... sans les trouver. Les Montrevel en avaient disposés pour des soins domestiques. A l'époque, où l'on craignait l'invasion de nos contrées par les armées ennemies, une ordonnance du roi avait enjoint aux habitants d'acheter des armes pour la défense du royaume. Cette mesure facilitait le braconnage. Jaloux de leur gibier, comme tous les seigneurs, les Montrevel étendirent judaïquement l'ordonnance défendant le port des armes à feu. Ils chargèrent les archers de rechercher les fusils et les pistolets jusque dans les maisons. Avec un cynisme qui nous étonne, le lieutenant de roi ne voulant point dépenser un sol pour la conservation de ses chasses, avait muni la maréchaussée d'ordonnances pour la faire entretenir par les paroisses. On trouve des traces des abus qui se commirent jusque dans la *correspondance administrative sous Louis XIV*. Les exigences des archers ruinent les pauvres paysans : les syndics du Bugey se plaignent à Colbert et les déprédations continuent. Ce n'est pas tout; non contents de braver jusqu'à l'autorité royale en faisant enlever aux campagnards « les armes que le roi leur avait fait commandement d'acheter pendant la guerre » non contents d'af-

(1) Délibération du 8 février 1685, p. 222.

ficher leur mépris pour la force publique en la faisant
servir, suivant l'expression des syndics « à plusieurs com-
missions qui regardent leur utilité particulière » les Montrevel montrent encore que pour eux la justice n'est qu'un
vain mot. Laissons encore la parole aux syndics : « Mondit
sieur comte fait le même contre les chasseurs et leur fait
faire leur procès par le prévôt. Il n'est compétent pour
l'ordonner ni le prévôt pour le faire y ayant des juges ordinaires. » (1) Et pourquoi cette dérogation aux lois de la
France? Parce que les prévôtés étaient des juridictions dra-
conniennes tombées depuis sous l'animadversion publique.
En faisant juger par elles les braconniers qui chassaient
sur ses terres, Montrevel assurait une répression sévère, le
maximum de la peine encourue.

N'ai-je pas quelque droit de dire que les archers n'étaient
que les garde particuliers du lieutenant de roi?

Cette digression pourra paraître un peu longue; elle
était nécessaire pourtant. Maintenant que nous connaissons
la moralité des nouveaux acteurs qui entrent en scène,
nous pouvons affirmer que, humbles esclaves du maître,
ils n'auraient pas sans son bon plaisir commis un acte aussi
grave que celui d'enfoncer, eux chargés de la police judiciaire, les portes d'une prison. D'Entremont était à cette
époque lieutenant de roi (2). Il continuait donc la lutte des

---

(1) Correspondance administrative sous Louis XIV, p. 459-469, tome i.

(2) Des personnes qui s'occupent de l'histoire de la Bresse se sont
étonnées de voir, à Bourg, deux lieutenants de roi, Latapie et d'Entremont, qui n'étaient pas des Montrevel. La raison en est que vers la fin
du xviie siècle les membres de la branche aînée de cette famille étaient
trop jeunes pour remplir ces fonctions. Ferdinand de La Baume est
mort lieutenant de roi en .....; Charles-François, marquis de Saint-
Martin, son fils aîné était mort avant lui, en mai 1666. Son petit-fils re-

Montrevel et des hauts-justiciers contre le Présidial. Peut-être n'était-ce pas sans un secret plaisir qu'il allait montrer désarmés, impuissants, protestant au nom de la justice, mais protestant en vain, ces magistrats presque tous sortis du sein de la bourgeoisie.

L'évasion avait été préméditée. Elle commence par un déménagement. Dès le 15 janvier 1695, entre cinq et six heures du soir, les domestiques de Louis Demarest, le cocher, le charretier et le laquais sortirent plusieurs fois de la prison en emportant à chaque voyage les vêtements de leur maître. L'un d'eux dit pour cacher son jeu : prêtez-moi votre manteau, je vous le rendrai. Demarest parut accéder à ce désir.

Le lendemain un gros homme se présenta, vers les sept heures du matin, au guichet de la prison. Il demandait à parler à l'un des employés, le sieur Lavertu. Son intention était de pénétrer plus facilement dans la place pour la livrer aux ennemis, je veux dire à la maréchaussée. Econduit, il revint une heure plus tard, toujours avec le même insuccès.

A neuf heures du matin, le prévôt, Michel du Villars, arrivait suivi de ses valets, de plusieurs artisans de Bourg, de la maréchaussée de la Bresse et d'archers des contrées voisines. Les agents de la force publique portaient leurs baudriers (bandoulière) sur la poitrine, ils étaient armés de mousquetons et de baïonnettes, et traînaient après eux deux hommes étroitement garrotés.

tenu loin de Bourg par ses fonctions militaires de maître de camp fut tué à la bataille de Nerwinde, le 29 juillet 1793. Il ne restait que son arrière petit-fils, Nicolas-Auguste, encore enfant à l'époque qui nous occupe. Ferdinand de La Baume avait eu trois autres fils : Louis, prieur de Marboz ; François, chevalier de Malte ; Nicolas-Auguste, Officier de fortune comme tous les cadets de famille, à la mort de son père, ce dernier

Nicolle Genillon, la femme du concierge, sortait à ce moment : « Madame, lui dirent les archers, voilà deux hommes que nous voulons mettre dans les prisons. » Nicole devinant une ruse à la vue de cinquante hommes armés qui se pressaient autour de deux détenus, conseilla à son mari d'agir avec prudence. Le concierge demanda à travers la grille un ordre d'écrou signé du procureur du roi, et malgré la présence du prévôt, les archers de la maréchaussée de Bourg répondirent : « Nous ne connaissons pas le Procureur du roi au Présidial. Nous sommes Bourguignons et n'avons que faire de ce magistrat. » En même temps ils déliaient les prisonniers et ajoutaient : « Garnier, vous serez responsable de l'évasion de ces individus puisque vous refusez de les recevoir. »

Le concierge hésitait. S'il était cause de la fuite de vrais coupables, sa position était compromise. Elle était compromise également s'il tombait dans un guet-à-pans. L'instinct de la conservation lui inspira la seule solution raisonnable, et il envoya sa femme prier le Procureur du roi d'accourir au plus vite.

A peine Nicolle Genillon venait-elle de faire quelques pas hors de la prison que Louis Demarest parut à la fenêtre et cria à Michel du Villars : « Arrêtez cette femme qui va chez le Procureur. » Par une intervention de rôles assez étrange les officiers de police se mirent en devoir d'obéir au détenu. Un huissier de Dijon et l'archer Colombet dit Pétronille coururent après elle. Ils l'atteignirent à la place du Greffe, la prirent de force. La femme luttait et appelait

n'avait pas une position assez grande pour être lieutenant de roi. Il ne devint maréchal de France qu'en 1703.

Voyez la généalogie des comtes de Montrevel dressée par ordre de la comtesse de Montrevel vers la fin de la première partie du XVIIe siècle.

au secours; ils la frappèrent, déchirèrent sa coëffe, lui mirent la main sur la bouche pour l'empêcher de crier et la ramenèrent à la porte de la prison. Les archers et les domestiques de du Villars, avertis à l'avance du rôle qu'ils devaient jouer, criaient bien haut : « Il faut enfoncer les portes! Délivrons le frère du Prévôt. Nous ferons venir toute la maréchaussée de France plutôt que d'en avoir le démenti. » L'un des valets de Michel du Villars fit passer par la fenêtre du rez-de-chaussée quatre pistolets chagés à de Glareins qui dit aussitôt au concierge : « Bougre! Il faut que je sorte de tes prisons ou je te tue si tu fais quelque obstacle. » Garnier craignant la violence du fougueux seigneur, se retira entre les deux portes d'entrée, la hallebarde à la main, prêt à défendre sa vie. Demarest revint près de ses codétenus et d'Antoine Guyon, exécuteur des hautes œuvres. Il disait, le pistolet à la main : « Mordieu! que tout le monde sorte de la chambre. Le premier qui m'aborde je le tue. » La solitude se fit aussitôt autour de lui.

Pendant cette scène le Prévôt ne perdit pas de temps. La prison était fermée. Le concierge, la hallebarde à la main, semblait vouloir se faire tuer à son poste. Un siége énergiquement soutenu pouvait seul rendre les assaillants maîtres de la place. Quatre rues aboutissaient à la prison : l'une dans laquelle se trouvait l'hôtel de M. de Chatenay; l'autre attenant au couvent des dames de sainte Claire; la troisième passait devant le palais de l'élection, et la dernière aboutissait à la maison de M. le trésorier Chevrier. Dans chacune d'elles du Villars plaça un poste de sept à huit hommes armés de mousquetons et de baïonnettes et chargés de faire rebrousser chemin aux passants ou aux curieux. Lui-même resta sur la place avec six archers et ses domestiques.

Nicolle Genillon, laissée en liberté, montait et descendait l'escalier de la prison. Elle pleurait, elle appelait au secours car on avait cessé de la bâillonner. Nul ne faisait attention à ses larmes; et ses cris, si on les entendait, ne trouvaient aucun écho.

Louis Demarest, revenu à la fenêtre, hurlait : « Çà, Messieurs, il est temps de me délivrer, si vous ne pouvez enfoncer la porte, mettez le feu aux prisons. Si vous n'êtes pas assez de monde pour faire ce coup, je vous en donnerai tant que vous souhaiterez. »

Au même instant le petit laquais de la femme de Michel du Villars apporta deux grosses haches avec lesquelles les archers attaquèrent la porte maîtresse. A chaque coup, vigoureusement appliqué, le Prévôt répétait d'un air satisfait : « Bon! bon! Voilà qui va bien! » Et la maréchaussée frappa de si bon cœur que bientôt la porte vola en éclats. Garnier menacé, mais n'ayant pas l'ardeur très-rare du martyre, s'enfuit dans une autre partie de la prison, sans oublier son arme sur le champ de bataille. Maîtres du lieu, les archers délivrèrent Demarest qui prit le bras de son beau-frère le Prévôt pour se rendre près de sa sœur. Les deux parents partirent seuls. Qui eût osé les arrêter? Les archers restèrent de garde à la prison jusqu'à ce que le prévoyant prévenu eût fait enlever ses hardes et son mobilier. Tout se réunissait pour rendre étrange cette évasion doublée d'un déménagement.

Je ne serais pas étonné si l'on découvrait quelque jour un document prouvant que Louis Demarest passa la nuit suivante chez sa sœur, à dormir du sommeil du juste, sans même voir, dans ses rêves, le spectre du frère Gervais. La maréchaussée, gendarmerie de l'époque, ne veillait-elle pas, à la porte du Prévôt, sur le sort du coupable.

J'ai dit plus haut qu'un arrêt du Parlement de Dijon, du 5 janvier 1695, ordonnait la mise en liberté du seigneur de Glareins et l'emploi de la force, s'il le fallait, pour arriver à ce résultat. La maréchaussée a-t-elle rempli un devoir lors de l'évasion, n'a-t-elle fait que suivre les ordres de la justice? Non. L'on peut affirmer que jamais la force n'a plus brutalement nargué le droit. On devait mettre le Présidial et le concierge de la prison en demeure d'obéir à l'arrêt avant d'enfoncer les portes. Ces formalités auraient pris quelques jours. L'arrêt du grand Conseil maintenant l'écrou serait arrivé dans l'intervalle. La légalité aurait donné raison au Présidial et la maréchaussée s'en souciait peu, elle qui ne connaissait d'autre loi que le bon plaisir du lieutenant de roi. Tout porte à croire qu'au moment de l'évasion on ne soupçonnait pas l'existence de l'arrêt du Parlement, ou tout au moins que l'on n'en avait pas encore reçu l'expédition. Du Villars l'eût invoqué, pour mettre sa responsabilité à couvert, sans recourir à cette déplorable comédie d'innocents traînés, chargés de chaînes, comme des coupables et à ses arrogantes insultes envers le Présidial qu'il déclare lui, Prévôt à Bourg, ne pas connaître. L'expédition de l'arrêt sera sans doute parvenue quelques heures après le hardi coup de main, car le jour même elle est notifiée au Procureur de roi, après coup, pour régulariser cette situation. Les éléments du débat restent donc les mêmes et nous sommes toujours en présence de la lutte de l'arbitraire féodal contre la justice.

Maintenant le Présidial put exhaler sa colère et s'emporter contre l'arrêt du Parlement. On lui donnera la satisfaction d'en connaître la teneur. Mais le coupable est en lieu sûr. Avec lui s'envole tout espoir de prouver par un exemple éclatant que tous les hommes sont égaux devant la loi.

Le Présidial protestera ! c'est son droit et son devoir. Le Procureur de roi mettra sur les actes de procédure : « Je requiers de plus fort prise de corps contre de Glareins. » Le lieutenant criminel décernera tous les mandats de prise de corps qu'il plaira au Procureur de roi de requérir. Voilà autant d'actes destinés à dormir dans les archives du greffe; je me trompe, voilà autant de voix qui s'élèveront plus tard pour nous parler sévèrement du xviiᵉ siècle.

Berger, dit Lenoir, est en prison, le seigneur de Glareins respire avec Jeanne Rousset l'air pur de la liberté. Il pourra à la rigueur, lorsqu'il voudra revenir dans son château, écrire à du Villars pour s'enquérir des dates des tournées de la maréchaussée. Le procès de compétence continuera toujours acharné, lutte dont le prix sera la procédure écrite sous la dictée de Des Hugonières. Qui possédera le papier timbré noirci de lettres illisibles ? Le grand Conseil ! le Parlement ou le Présidial ! C'est là toute la question. L'entêtement que mettront de part et d'autre les membres des diverses juridictions n'est pas aussi aveugle qu'on pourrait le croire. Il est la suite des principes élevés. Si le Présidial cède sur ce point, il s'avoue vaincu et reconnaît qu'il n'est pas compétent pour juger des gentilshommes.

Le greffier d'alors, Bizet, n'était pas le premier venu. Greffier civil, greffier criminel, greffier audiencier il cumulait en outre les fonctions de notaire royal et de notaire apostolique et gérait les biens « d'une infinité de personnes. » Comme membre du Présidial il votait la résistance contre les hauts justiciers et le Parlement de Bourgogne et il contribuait de ses deniers au paiement des frais du procès pendant depuis plus de 90 ans. Comme homme d'affaires il gérait les biens d'un certain nombre de ses adversaires. Pris entre des intérêts divers il voulait, suivant le proverbe,

« ménager la chèvre et le choux. » Par malheur, chaque semaine, on notifiait des arrêts du Parlement, lui enjoignant sous peine de responsabilité civile, et même de la prison, d'envoyer au greffe du Parlement les pièces de la procédure suivie contre Louis Demarest. Ces mesures comminatoires, en l'effrayant beaucoup, lui faisaient entrevoir les dangers de son héroïsme forcé.

Il allait céder lorsqu'une manœuvre assez adroite des membres du Présidial mit le comble à son émoi. Les présidents demandèrent communication des pièces sous le prétexte de prendre des notes. Le greffier refusa d'obéir à cet ordre s'il ne lui était signifié par huissier. Et lorsque Bizet réclama le dossier les présidents refusèrent de le rendre. Les notifications d'arrêts continuaient à pleuvoir. Bizet crut à une ruine prochaine. Il eut recours aux prières... on ne l'écouta pas. Il s'adressa alors à un huissier et fit sommer tous les membres du Présidial d'avoir à lui restituer la procédure. Il faut lire l'énumération pompeuse qu'il fait de ses titres et qualités. Vous m'exposez à des dommages considérables, dit-il, qu'ils retombent sur vous. Vous m'exposez à la prison, c'est-à-dire à la perte de presque toutes mes charges. Les présidents gardèrent les pièces ; il aurait fallu la force armée pour les leur arracher.

Un sergent fut envoyé au château de Glareins avec mission d'appréhender le seigneur et de le traîner en prison. Il fit les 6 et 9 mars deux perquisitions infructueuses après lesquelles la seigneurie fut mise sous sequestre et sa régie confiée à Mᵉ Chalançon, notaire à Villars. Quelques jours auparavant, le 23 février 1695, le présidial se réunit en la chambre du Conseil, il décida la reprise des hostilités contre le Parlement et délégua le conseiller Chossat à Paris pour saisir de nouveau le grand conseil du litige « et, ajoute le procès-verbal , seront les frais qu'il conviendra faire avancés par tous les officiers qui composent la compagnie à compte desquels on lui donnera (à M. le conseiller Chossat) avant son départ la somme de 588 livres qui rendent pour chacun 2 louis d'or neuf livres » (1)

Il est difficile de se faire une idée exacte de l'animosité que les membres de la cour supérieure mettaient dans la lutte. On l'entrevoit vaguement en lisant le registre des délibérations du Présidial. Une délibération du 22 avril 1695 nous apprend qu'à l'occasion de l'inventaire des biens laissés par un conseiller au Présidial, Jean Bouhin, conseiller au Parlement de Dijon, s'oublia jusqu'à entraver par des violences l'exercice des fonctions de Marinon, lieutenant particulier. Parfois les tracasseries sont plus mesquines encore. Les membres du Parlement poussent l'oubli des convenances jusqu'à prendre des épices à leurs collègues du Présidial et les membres du Présidial, le 8 juillet 1700, décident qu'ils feront de même à l'égard des membres du Parlement.

A quoi bon multiplier des détails qui seraient fastidieux à la longue. Il me suffira de dire que les procès de compétence dont j'ai rapidement tracé l'histoire jusqu'en 1695 se renouvelèrent avec les mêmes phases monotones jusqu'en 1750 et je le constate à regret, ce n'est pas une décision judiciaire qui le clôture, au moins partiellement, mais bien l'édit qui supprima les cours d'appel seigneuriales.

Une seule question nous intéresse. Que devinrent les héros de ce récit ? Du Villars fut condamné par le grand Conseil à payer une indemnité aux membres du Présidial, sans doute pour sa conduite scandaleuse lors de l'évasion. (Dél. du Pr. du 11 décembre 1695). Il conserva sa position

____

(1) Délibération du 23 février 1695 p. 241, bis, du registre du Présidial.

jusqu'en 1710. Quant à de Glareins tout porte à croire qu'il ne fut pas puni. En 1697 le procès qui le concerne est encore pendant devant le grand Conseil. Sa procédure n'a pas été adressée au Parlement. Elle est classée au greffe de Bourg dans la liasse de 1695, or les procédures se classent à la date du dernier acte. Et les membres du Présidial qui enregistrent jusqu'à leurs plus minimes victoires gardent sur les suites de son procès un silence significatif.

Il mourut comme il avait vécu : Ecuyer, seigneur de Glareins, héraut d'armes du titre de Normandie. Les remords n'abrégèrent pas ses jours. Il dut traîner encore son existence pendant quarante années car le dénombrement de sa seigneurie, acte presque toujours concommittant avec la prise de possession, n'est fait que le 2 mars 1735 par sa veuve Antoinette Gauthier. (1)

CONCLUSION.

Je n'aurais rempli que la moitié de ma tâche si je ne tirais du procès contre le seigneur de Glareins les inductions auxquelles il peut donner lieu. Les récits de l'histoire locale ne sont que la contre-épreuve de l'histoire générale de la France. Quittons le point de vue exclusif ; élevons-nous plus haut ; rattachons cet épisode aux épisodes bien connus de la vie judiciaire au xviie siècle. Un gentilhomme coupable est poursuivi ; il est arraché par arrêt de justice et par les officiers de police à la répression qu'il mérite. Devons-nous en être surpris ?

Ce serait mal connaître la vieille France. Au xviie siècle nous ne trouvons partout, des sommets de l'échelle sociale au dernier échelon, rien que l'arbitraire. Les seigneurs haut-justiciers existent encore, spéculant sur leurs privi-

(1) J. BAUX. *Nobiliaire de Bresse et de Dombes, p.* 63.

lèges. Dans une autre contrée le marquis de Canillac entretient dans les tours de son château douze scélérats qu'il appelle ses douze apôtres. L'un a le surnom de Sans-Fiance, l'autre de Brise-Tout. Le seigneur met des impôts écrasants sur les viandes ; arrive le carême, il met des impôts aussi forts sur ceux qui ne font pas gras. Son plus lucratif privilége est l'administration de la justice. Il emprisonne ses vassaux pour un oui, pour un non. Les détenus craignant sa férocité rachètent leur liberté à prix d'or. Le Parlement le condamne-t-il à être exécuté par effigie ? Canillac trouve plaisant « d'être en repos dans une maison pendant qu'on le décapite sur une place, et de se voir mourir dans la rue pendant qu'il se porte bien chez lui. » Quelle différence y a-t-il entre Canillac, seigneur des temps modernes, et, si l'on remonte au sombre moyen-àge, le seigneur de Saint-Paul-de-Léon qui disait en montrant un rocher sur lequel il plaçait des falots pour faire échouer pendant la nuit les vaisseaux dont il pillait les épaves : « Voilà le plus beau joyau de mon fief. »

Ah ! si le roi le savait ! s'écriaient les manants quand ils avaient à se plaindre de quelque injustice. Lorsque le roi voulait ployer cette aristocratie orgueilleuse il devait recourir à des moyens extraordinaires : aux grands jours. Tout le monde connaît les *Grands jours d'Auvergne*, ce récit poignant où l'abbé Fléchier nous fait toucher du doigt les plaies vives de l'époque. C'est là qu'on voit des prêtres porter le saint Sacrement le fusil sur l'épaule et quitter le corps du Christ pour abattre nne pièce de gibier ; là que M. de la Mothe-Sinthry se venge d'un paysan, qui n'avait pas voulu faucher son pré, en le tuant à coups de pistolet et d'épée. Cinq huissiers viennent au nom d'un plaideur faire une sommation à M. du Palais ; du Palais et ses amis poursuivent les agents de la justice en tuent deux, cassent l'épaule au troisième, et ramènent les deux derniers jusqu'au château entièrement nus, malgré l'hiver, et leur donnant mille coups de fouet pendant le chemin.

On a coutume de répondre : l'Auvergne est un pays perdu, les lois n'y faisaient point sentir leur influence. Le château de Glareins est à deux heures de Lyon et nous avons vu les mêmes scènes s'y reproduire. Les mœurs des hobereaux étaient donc partout aussi violentes et partout elles trouvaient l'impunité.

Et l'on était au grand siècle. Corneille, dans sa tragédie de *don Sanche d'Aragon*, avait fait entendre à l'Europe les premiers accents de fierté démocratique. Molière, après avoir écrasé l'hypocrisie, avait attaqué d'une manière injuste peut-être la classe des privilégiés. Boileau, après avoir « étranglé d'un alexandrin » les Trissotins de la littérature, osait écrire à propos des détracteurs de Molière :

> La sottise et l'erreur à ses naissantes pièces
> En habits de marquis, en robe de comtesse.

Sans trop songer, qu'en toute justice, le public élégant ne pouvait avoir que des sifflets pour l'auteur qui faisait dire avec révérence sur la scène : saute marquis !

Molière et Boileau n'attaquaient pas le mal dans ses racines. Leurs railleries ne mordaient que les ridicules, elles laissaient dans l'ombre les abus que Bossuet soutenait dogmatiquement dans sa politique tirée de l'Écriture-Sainte. Et l'on était au grand siècle ! Mais la vérité s'est fait jour ; mais les documents inédits se sont dressés menaçants. Sous le faste, sous la dignité gourmée, sous la pompe empesée du règne de Louis XIV on a découvert l'état lamentable de la France et les souffrances de la bourgeoisie et du peuple. Le siècle le plus grand, par les lettres et la philosophie, est devenu, au point de vue social, malgré les efforts de Colbert, l'un des siècles peu favorisés de l'histoire.

Pourtant, il existait à cette époque une institution trop dédaignée par nos historiens : les Présidiaux. Henri II l'organisa en janvier 1551 dans un but fiscal. Les pensées égoïstes engendrent parfois le bien. Au XVIIe siècle il y avait cent juridictions inférieures composées de magistrats nouveaux, prêtes à lutter contre les Parlements et contre les derniers vestiges de la féodalité. Il serait injuste de leur faire la part trop belle et de soutenir que leur énergie était inspirée par des idées philanthropiques alors inconnues. Au XVIIe siècle, chaque partie de la société forme une caste dédaigneuse pour tout ce qui n'est pas dans son sein. N'était pas bourgeois qui le voulait. Un des adages de la Bresse d'autrefois dit : « mieux vaut vieille bourgeoisie que noblesse de fraîche date. » Or, le Présidial de Bourg, composé métis de petite noblesse et d'une grande part de vieille bourgeoisie, se ressentait de l'un des plus tristes vices du xviie siècle : le mépris du paysan. Ce mépris est partout : dans les sarcasmes de Mme de Sévigné ; l'immortelle comtesse tendre jusqu'à souffrir, dans ses lettres du moins, des maux de poitrine de sa fille, n'a que des railleries pour les paysans bretons que l'on pend. Le sage La Bruyère lui-même commence son tableau du laboureur par cette phrase sinistre : « L'on voit certains animaux farouches, des mâles et des femelles, répandus par la campagne, » J'ai sous les yeux une comédie bressanne, je devrais dire plutôt une bouffonnerie écrite en 1675 par un conseiller au Présidial de Bourg : *l'Enrôlement de Tivan*. L'auteur veut peindre le paysan ; j'aime à croire qu'il n'en fait que la caricature : paresseux ! ivrogne ! grossier ! lâche ! hâbleur ! dépravé ! Voilà les caractères que Brossard de Montanay trouve chez le paysan ou du moins croit y trouver. Et ses collègues jouent la pièce. Ainsi le Présidial partage les préjugés régnant et cependant il conserve le caractère que nous lui avons reconnu.

Esclave de la loi il sait que « animaux farouches » les laboureurs cependant, comme le dit La Bruyère, « montrent une face humaine et en effet sont hommes. » Il oublie son dédain pour défendre la vie de ces malheureux parce que chez lui le sentiment de la justice parle plus haut que le préjugé.

Si l'on ne voit dans les procès de compétence qu'une caste luttant coutre une caste plus privilégiée, son triomphe sera un progrès puisqu'avec elle s'affirment les droits d'une partie plus considérable de la nation.

Les Parlements ont éclipsé par leur éclat ces juridictions obscures. Soyons moins oublieux que les historiens et sachons reconnaître dans les conseillers du Présidial les enfants perdus de cette vaillante armée de penseurs qui, un siècle plus tard, se ralliera autour d'un immortel drapeau : celui de l'égalité civile.

Louis de COMBES,
Docteur en droit.

NOTA.

Quelques personnes, après avoir pris connaissance de ce travail, m'ont reproché d'avoir fait des seigneurs haut-justiciers et du Présidial les champions de l'esprit aristocratique et, que l'on me pardonne ce terme, les champions du parti des hommes nouveaux qui voudraient s'égaler aux privilégiés. Mon assertion est fondée cependant. J'en trouve la preuve dans un document imprimé en 1726. En qualité de seigneurs haut-justiciers les comtes de Montrevel ont continué pendant le xviiie siècle le procès de compétence contre le Présidial. Voici ce qu'on lit dans les *observations sur le factum de M. le comte de Montrevel pour MM. les officiers du Présidial de Bourg* :

« L'exorde fastueux, le style hautain, les paroles injurieuses dont l'avocat de M. le comte de Montrevel a crû orner son factum, démontrent évidemment qne les moyens solides lui ont manqué. Grossier dans l'élocution, il dit dans son espèce de préface que *le Présidial se donne la liberté de contester aux officiers du comté de Montrevel et du marquisat de Saint-Martin, la connaissance des causes des nobles, etc...* Suivant le génie de cet auteur nouveau le Présidial manquera de respect aux officiers des justices de village, quand il maintiendra la justice royale dans ses droits et ses prérogatives. Quelle fatuité ! *Voilà,* continue cet adversaire, *l'idée générale des contestations que M. le comte de Montrevel et M. le marquis de Saint-Martin se trouvent réduits dans la nécessité de soutenir pour réprimer les entreprises et la témérité* D'UNE COMPAGNIE QUI LEUR DOIT TOUTES SORTES D'HONNEURS ET DE RESPECTS......

« .... Les officiers du Présidial savent la déférence et le respect qu'ils peuvent devoir en particulier à M. le comte de Montrevel ; mais en corps et en compagnie ils ne doivent qu'au roi toutes sortes d'honneurs et de respects. »

La citation n'est-elle pas probante ! Quel est le sens des paroles de Montrevel ? Vous osez me tenir tête, vous qui me devez le respect, à moi qui ne vous dois rien. La justice devoir honneur et respect à un homme, fut-il comte de Montrevel ; la prétention est brutale. Les conseillers protestent ; leur réponse grande et fière, digne des plus beaux temps de la vieille magistrature, remet à sa place le seigneur présomptueux. Vienne l'occasion, les hommes de robe montreront leur mépris pour l'homme d'épée ; ils adresseront à l'avocat les compliments qu'ils destinent aux Montrevel et oseront écrire, quelques années plus tard, ces paroles bilieuses qui laissent entrevoir combien il couvait de haine dans les cœurs : « La fécondité du génie de l'avocat adverse vient de faire paraître au jour une réponse de 60 pages in-folio. Mais cette étrange fertilité étant produite dans une terre inculte n'a rapporté que des ronces et des chardons, dont il faut le laisser nourrir. »

Il ne s'agit pas de rivalités entre les haut-justiciers et la justice proprement dite. Le Parlement, expression suprême du pouvoir judiciaire, soutient les haut-justiciers. A ces marques de dédain, à ces fiers propos, à la morgue des Montrevel, aux dures réponses du Présidial, reconnaissons l'attitude de partis dont les croyances sont écrites au plus profond des âmes : l'un qui réclame le respect au nom de la naissance, l'autre qui prétend ne relever que du roi.

BOURG, IMPRIMERIE MILLIET-BOTTIER.